Deutsch

Urs Luger

Unter Fischen –
Fenders vierter Fall

SPANNENDER LERNKRIMI
LEKTÜRE MIT AUDIOS ONLINE

Hueber Verlag

Umschlagfoto: © Getty Images/iStock/ASphotowed
Zeichnungen: Mascha Greune, München

Einen kostenlosen MP3-Download zu diesem Titel finden Sie unter
www.hueber.de/audioservice.
© 2021 Hueber Verlag GmbH & Co. KG, München, Deutschland
Alle Rechte vorbehalten.
Sprecher: Claus-Peter Damitz
Hörproduktion: Scheune München mediaproduction GmbH,
80797 München, Deutschland

3.   2.   1.   Die letzten Ziffern
2025   24   23   22   21   bezeichnen Zahl und Jahr des Druckes.
Alle Drucke dieser Auflage können, da unverändert,
nebeneinander benutzt werden.
1. Auflage
© 2021 Hueber Verlag GmbH & Co. KG, München, Deutschland
Umschlaggestaltung: Sieveking · Agentur für Kommunikation, München
Layout und Satz: Sieveking · Agentur für Kommunikation, München
Verlagsredaktion: Heike Birner, Hueber Verlag, München
Druck und Bindung: Friedrich Pustet GmbH & Co. KG, Regensburg
Printed in Germany
ISBN 978–3–19–308580-1

Art. 530_27878_001_01

Inhalt

▶ Das Hörbuch zur Lektüre und die Tracks zu den Übungen stehen als kostenloser MP3-Download bereit unter: www.hueber.de/audioservice.

▶ 01 Kapitel 1: Auf zum Meer!

♪♪♪♪ Nur das Meer
Ich steh' auf meinem Boot

Die Sonne … so warm … nur ein paar kleine Wolken am Himmel.

Nur das Meer
Ich schaue nicht zurück ♪♪♪

Und der Wind auf meinem Gesicht … das tut gut!

Nur das Meer
Das ist mein Weg ins Glück ♪♪♪♪♪

Ja, genau so muss Urlaub sein. Ich …

rrriiiing

Was ist denn das? Woher kommt dieses Klingeln?

rrriiiing

Wo bin ich? Oh … ich bin eingeschlafen, in meinem Büro. Und im Radio schon wieder dieses Lied. Natürlich träume ich dann vom Meer.

rrriiiing

„Hallo? Fender hier."

„Herr Fender? Guten Tag, hier spricht Silke Marit. Ich rufe aus Kiel an. Sie sind doch Detektiv, oder? Ein Freund hat Sie empfohlen."

„Genau, Detektiv Fender, aus Wien. Was kann ich für Sie tun?"

„Einer meiner Arbeiter ist tot. Und ich möchte, dass Sie den Mörder finden."

„Oh … ein toter Arbeiter … in Kiel?"

„Ich habe hier eine Fabrik für Fischkonserven."

„Was sagt denn die Polizei?"

„Die wollen nicht ermitteln. Sie sagen, es war nur ein Unfall."

„Aber Sie glauben an einen Mord. Warum?"

| das Boot: damit kann man auf dem Wasser fahren | der Detektiv, der Mörder, der Mord, ermitteln: → S. 14 | die Konserve: kleine Dose aus Metall für Lebensmittel |

„Das möchte ich Ihnen lieber persönlich erklären. Haben Sie Zeit für eine Reise nach Kiel?"

Hm ... eigentlich wollte ich ein paar Tage Urlaub machen, ans Meer fahren, genau wie in diesem Lied ... Aber Kiel liegt ja an der Ostsee, also könnte ich arbeiten und komme trotzdem ans Meer. Gar nicht schlecht.

„Ich könnte morgen Früh fliegen", sage ich. „Aber ich kann jetzt natürlich noch nicht sagen, ob ich den Fall wirklich annehme."

„Ja, klar, das verstehe ich. Ich bezahle Sie auf jeden Fall für die Reise. Und wenn Sie den Job nicht machen, können Sie immer noch einen Tag Urlaub am Meer machen."

„Das klingt gut, Frau Marit. Dann rufe ich Sie an, wenn ich einen Flug gebucht habe."

Ich miete gleich am Flughafen in Kiel ein Auto und fahre zu Silke Marits Fabrik. Sie ist nicht sehr groß, und sie liegt ganz nahe am Meer. Die Luft ist frisch und ich kann schon das Salz riechen.

„Die Luft ist hier wunderbar, nicht?"

„Wie bitte ...?"

„Guten Tag, Marit mein Name", sagt eine Frau Mitte vierzig und gibt mir die Hand. „Sie sind sicher Herr Fender. Kommen Sie, ich zeige Ihnen die Fabrik."

Silke Marit führt mich gleich ins Lager. Dort stehen lange Reihen von Kartons mit Fischkonserven. Ein Tor geht nach draußen. Ein paar Arbeiter laden dort Kartons in ein Auto ein.

„Genau hier ist es passiert", sagt sie und zeigt mir die Stelle. „Hier hat Arne Zink gelegen. Tot. Es war schrecklich."

„Wie ist er gestorben?", frage ich.

„Er hat unter einem Berg von Kartons gelegen, Mittwoch in der Nacht. Niemand außer ihm war im Lager. Vielleicht wäre er sonst jetzt nicht tot."

---

der Fall: → S. 14   das Tor: große Tür

„Und die Polizei ...?"

„Die Polizei hat sich die Sache nur kurz angesehen und dann gleich gesagt: Es war ein Unfall."

„Es sieht wirklich so aus."

„Aber ich glaube es nicht. Erstens: Warum war Arne um diese Zeit im Lager? Dafür gibt es keinen Grund. Und zweitens: Arne war schon kurz vor der Rente."

„Was hat denn das mit einem Mord zu tun?", möchte ich wissen.

„Diese Schachteln sind schwer. Die fallen nicht so leicht herunter. Da muss man schon stärker sein als ein älterer Mann."

Ich versuche, eine Schachtel hinunterzuwerfen.

„Die sind wirklich nicht leicht. Aber trotzdem, ich weiß nicht ... warum ist Ihnen das Ganze so wichtig?"

„Arne hat schon für meine Eltern gearbeitet, da war ich noch ein kleines Mädchen. Er war hier, seit ich denken kann. Und er war immer sehr nett zu mir. Er ist ... war für mich wie ein Teil der Familie."

„Also gut", sage ich, „ich mache es. Aber ich kann Ihnen nichts versprechen. Vielleicht sehe ich am Ende, dass es wirklich kein Mord war."

„Schon klar, ich möchte es trotzdem versuchen."

„Gut, dann erzählen Sie mir jetzt bitte mehr über Arne Zink. Wie war er so? Was hat er in der Fabrik gearbeitet?"

„Kommen Sie mit, ich möchte Ihnen etwas zeigen."

---

hinunterwerfen: hier: auf den Boden werfen

Kapitel 2: Was wissen die Arbeiter?

„Hier hat Arne meistens gesessen", sagt Silke Marit und zeigt mir ein kleines Zimmer neben dem Eingang zum Lager.

„War er der Portier?"

„Ja – und nein. Früher war das ein wichtiger Job. Er musste alles kontrollieren, auf alles einen Blick haben. Aber heute laufen die meisten Dinge automatisch. Ich sehe am Computer in meinem Büro, wenn etwas nicht stimmt. Eigentlich brauchen wir heute keinen Portier mehr. Aber ich wollte ihn nicht entlassen. Es war doch Arne."

„Ein Teil der Familie."

„Genau. Und er hatte nur noch kurz bis zur Rente. Also ist er geblieben und hat da und dort geholfen, hat aufgepasst, dass alles gut funktioniert."

„War er oft in der Nacht hier?", will ich jetzt wissen.

„Nein, das ist es ja. In der Nacht ist eigentlich niemand hier."

„Ich sehe mir Arnes Zimmer später in Ruhe an. Zuerst würde ich gern mit den anderen Arbeitern sprechen."

„Gut, gehen wir ins Lager zurück."

♩♪♪ ♪♪ Nur das Meer
♩ ♪ ♪ ♩♪ Ich steh' auf meinem Boot

Schon wieder dieses Lied im Radio! Naja, hier in Kiel passt es ja wirklich. Man könnte sich gleich ein Boot mieten und losfahren. Frau Marit stellt mich den Arbeitern vor.

„Das ist Herr Fender, ein Detektiv aus Wien. Er untersucht den Mo… den Tod von Arne Zink. Bitte helfen Sie ihm, so gut Sie können."

---

der Portier: er kümmert sich um Besucher, Post und Schlüssel

7

„Die Polizei war doch schon hier. Was gibt es da noch zu untersuchen?", fragt einer der Arbeiter. Er ist groß und hat blonde Haare.

„Die Polizei hat sich alles viel zu kurz angesehen. Ich glaube nicht, dass es ein Unfall war", sagt Silke Marit und sieht dann mich an.

„Ich lasse Sie jetzt arbeiten. Wenn Sie mich brauchen – ich bin in meinem Büro."

„Guten Tag, meine Herren", begrüße ich die Arbeiter. „Sie haben jeden Tag mit Arne Zink gearbeitet. Was können Sie mir über ihn erzählen?"

Keiner sagt etwas. Aber das ist normal am Anfang. Man muss den Leuten Zeit geben. Wenn es zu lange ruhig ist, fängt immer einer zu sprechen an.

Ich warte.

„Arne war in Ordnung. Aber sehr ruhig", sagt jetzt ein kleiner Mann mit schwarzem Bart. Er ist Mitte 30.

....

der Bart: Haare im Gesicht

„Ja, er hat mit niemandem viel geredet", meint der Mann neben ihm. Er ist der Älteste hier, vielleicht Ende fünfzig. „Wir haben ihn manchmal eingeladen, nach der Arbeit, auf ein Bier. Aber er ist selten mitgekommen."

„Und wenn doch, hat er sein Bier getrunken und wieder fast nichts geredet", sagt der junge Mann ganz an der Seite. Er ist nicht älter als 17 oder 18, wahrscheinlich ein Azubi.

„War er in letzter Zeit anders als sonst?", frage ich.

„Er hat davon geredet, dass er sich ein Boot kaufen will. Das war neu", erinnert sich der blonde Mann.

„Ja, er wollte aufs Meer fahren. Allein. Ein ganzes Jahr oder so", sagt der Azubi.

„Das war natürlich Unsinn", meint der Mann mit dem Bart.

„Er hat ja nicht viel verdient. Das war nur ein Traum von ihm."

Aber der ältere Mann sagt: „Arne hat mir erzählt, dass er bald viel Geld bekommt."

Interessant …

„Woher sollte das Geld kommen?", frage ich.

„Keine Ahnung, das wollte er nicht sagen."

Schade … aber es ist trotzdem ein guter Anfang. Wenn jemand plötzlich viel Geld bekommt, dann stimmt meistens etwas nicht.

„Können Sie mir sonst noch etwas über Arne sagen?", frage ich. Der Mann mit dem Bart weiß noch etwas, das sehe ich. Aber er sagt nichts. Vielleicht kann ich später allein mit ihm sprechen.

„Ich danke Ihnen, meine Herren. Ich muss jetzt bitte noch wissen, wo Sie zur Zeit von Arne Zinks Tod waren. Dann sind wir fertig."

Das gefällt ihnen nicht, aber Frau Marit hat gesagt, dass sie mir helfen müssen. Alle haben Alibis – aber die muss ich später natürlich noch überprüfen.

Ich verabschiede mich und gehe zu Arnes Zimmer.

---

das Alibi: → S. 14

Der Mann mit dem Bart läuft mir nach.

„Herr Fender, ich habe noch etwas gesehen, aber ich weiß nicht, ob es wichtig ist."

„Alles kann wichtig sein, Herr …?"

„Nikolussi. Daniel Nikolussi. Am Montag haben Arne und die Chefin gestritten. Sie sind sehr laut gewesen."

„Um was ist es in dem Streit gegangen?"

„Ich weiß es nicht, aber am Ende hat Arne geschrien: Du willst mich nicht mehr hier haben! Aber das kannst du mit mir nicht machen. Das siehst du schon noch!"

„Stimmt das? Wollte sie ihn nicht mehr in der Firma haben?"

„Ach was, Arne war in den letzten Tagen ein bisschen komisch."

„Wie meinen Sie das?"

„Er hat öfter mit den anderen gestritten, ist zu spät gekommen und hat Fehler bei der Arbeit gemacht."

„Danke, dass Sie mir das erzählt haben", sage ich.

„Ich möchte jetzt aber keine Probleme mit der Chefin bekommen."

„Keine Sorge, ich nenne Ihren Namen nicht."

Von diesem Streit hat mir Frau „Arne-war-Familie" gar nichts erzählt. Seltsam …

---

schreien: sehr laut rufen

Kapitel 3: Der Kalender

Ich kann es kaum glauben! Klaas! Wie lange habe ich ihn nicht gesehen? 40 Jahre? Und heute steht er plötzlich in der Tür. Na klar, gerade jetzt! Er will sicher wieder Geld.

Ich möchte nicht mehr streiten, hat er gesagt. Wir sind beide alt, ich möchte, dass wir wieder Freunde sind.

Was denkt er sich? Kommt nach 40 Jahren, und dann soll ich alles vergessen? Einfach so?

Ein Schreibtisch, ein Stuhl, eine Lampe und ein kleines Regal – viel mehr gibt es in Arnes Zimmer nicht. In den Schubladen ist nicht viel, aber ich finde seinen Terminkalender. Und für die unterste Schublade braucht man einen Schlüssel. Den muss ich noch suchen. Vielleicht liegt dort etwas Wichtiges. Arne hatte fast keine Termine, außer in der letzten Woche:

14. SONNTAG	15. MONTAG	16. DIENSTAG	17. MITTWOCH	18. DONNERSTAG	19. FREITAG	20. SAMSTAG
		P. Firma				
Jan anrufen. Besuchen?						Klaas, 19 Uhr???
				18 Uhr: B		

JULI

Wer ist Jan? Was ist die P. Firma? Und wer ist Klaas? Und B? Steht das für Boot? Hatte er wirklich genug Geld dafür? Aber woher?

Und warum plötzlich so viele Termine in einer Woche?

Vielleicht kann mir Silke Marit helfen. Die muss ich auch noch nach ihrem Streit mit Arne fragen. Warum hat sie mir nichts davon erzählt? Hat er etwas über sie gewusst? Ein Geheimnis? Wollte er Geld von ihr? Geld für das Boot?

Normalerweise würde ich jetzt sagen: Die Chefin ist sehr verdächtig. Aber hier? Sie hat mich selbst gerufen …

Kurze Zeit später sitze ich im Büro von Silke Marit und trinke Kaffee mit ihr.

„Warum haben Sie mir nicht von Ihrem Streit mit Arne Zink erzählt?", frage ich.

„Ach, der Streit … Ich wollte nicht darüber sprechen. Es war unser letztes Gespräch, unsere letzten Worte … und wir waren beide wütend. Das ist … so soll es doch nicht sein, wenn jemand stirbt."

„Um was ist es in diesem Streit gegangen?"

„Arne war ein bisschen komisch in den letzten Tagen."

Das habe ich heute schon einmal gehört.

„Er war oft wütend – das war er früher nie – er hat komische Dinge gesagt und ist zu spät zur Arbeit gekommen. Er hat geglaubt, einer von uns möchte ihm etwas Böses tun. Naja, vielleicht hat er ja recht gehabt, wie man jetzt sieht. Er hat seine Arbeit nicht mehr ordentlich gemacht – deshalb habe ich mit ihm geredet."

Ich mache eine kleine Pause, trinke ein bisschen Kaffee.

„Frau Marit", sage ich dann, „ich habe in Arne Zinks Schreibtisch einen Kalender gefunden, mit einigen Terminen. Aber ich verstehe das meiste nicht."

---

verdächtig: → S. 14

Ich zeige ihr den Kalender.

„Hm … P. Firma – keine Ahnung. Klaas … kenne ich nicht. Und B? Was soll das sein? B für Boot? Er wollte ja ein Boot kaufen. Auch so eine verrückte Idee." Sie überlegt kurz. „Ich habe immer gedacht, ich kenne Arne ein bisschen. Aber falsch gedacht, wie man sieht …"

„Und der erste Termin?"

„Das ist sicher Jan, sein Sohn."

„Arne Zink hatte einen Sohn?"

„Ja, aber nur wenige wissen das. Und er selbst hat es lange Zeit auch nicht gewusst. Vor zwei Jahren hat Jan dann vor seiner Tür gestanden. Komische Sache, wenn man seinen Sohn erst kennenlernt, wenn der schon fast vierzig ist."

„Wie war das für Arne – plötzlich Vater sein?"

„Er hat sich gefreut, das schon. Aber es war auch nicht leicht. Für Arne war es ja normal, dass er immer allein ist."

„Wo ist Jan jetzt?"

„Er lebt in Berlin. Deshalb hat Arne wahrscheinlich in den Kalender geschrieben, dass er mit ihm telefonieren will. Die beiden haben sich selten gesehen."

„Haben Sie seine Adresse? Oder Telefonnummer? Ich muss unbedingt mit ihm reden."

„Nein, leider nicht. Aber ich habe einen Schlüssel für Arnes Haus. Dort finden Sie sicher alle wichtigen Adressen und Telefonnummern."

„Sie haben einen Schlüssel für sein Haus?", frage ich.

„Er wollte das so. Wenn mir etwas passiert, hat er immer gesagt. Und jetzt … jetzt ist ihm wirklich etwas passiert. Schrecklich."

Ich bedanke mich bei Silke Marit und mache mich auf den Weg zu Arnes Haus.

der Detektiv: **er** ermittelt, **ist aber kein Polizist**

der Mörder: **er macht jemanden tot**

der Fall: **eine Aufgabe für die Polizei / den Detektiv**

der Mord: **wenn man jemanden tot macht**

töten: **jemanden tot machen**

ermitteln: **den Mörder suchen**

Krimi-Wörter

verdächtig, der/die Verdächtige: **man denkt, es ist diese Person, ist aber nicht sicher**

ein Alibi **haben: zur Zeit des Mordes hat die Person etwas anderes gemacht**

das Motiv: **der Grund für einen Mord**

14

Kapitel 4: Wer war Arne Zink?

Gestern habe ich mit Jan telefoniert. Es war schwierig, wie immer. Ich fühle mich einfach nicht wie ein richtiger Vater. Und wer ist dieser Jan eigentlich? Was denkt er über mich?

Aber heute war ein guter Tag. Ich hatte einiges zu arbeiten. Nicht wie sonst, wenn ich nur in meinem Zimmer sitze und auf den Abend warte. Und auf die Rente. Darauf trinke ich ein Glas Schnaps. Prost, Arne, auf dich, und auf das Boot!

Bilder an den Wänden, alte Möbel, einige Bücher, ein paar Pflanzen – ich bin zuerst nicht sehr überrascht von Arnes Haus. Aber da ist mehr: Überall liegen Blätter mit Noten. War Arne Musiker? Niemand hat etwas davon erzählt. Und dazu Gitarren … mindestens fünf, in verschiedenen Zimmern.

Wer war dieser Arne Zink?

An den Wänden hängen auch alte Plakate von Konzerten von der Band „The Fishermen". Kenne ich nicht. Auf einem sieht man auch die Musiker, zwei junge Männer. Der eine, ist das … Arne? Vor vielen Jahren? Silke Marit hat mir nur ein neues Foto von ihm gezeigt. Aber es könnte sein …

Als Nächstes sehe ich mir Arnes Schreibtisch an. Hier steht ein Bild von einem Mann um die vierzig, vielleicht sein Sohn Jan? Weiter … Bilder von Booten, Briefe von Bootsfirmen. Also wollte er wirklich ein Boot kaufen. Aber woher hatte er das Geld?

In der ersten Schublade sind wieder viele Noten, aber auch ein Buch mit Adressen und Telefonnummern. Sehr gut. Bei M finde ich ihn: Jan Meyers, das muss er sein. Und daneben steht gleich Antje Meyers, das ist wahrscheinlich seine Mutter, Arnes Ex-Freundin. Sie lebt in Kiel, ich gehe sie als Nächstes besuchen.

---

der Schnaps: Getränk mit viel Alkohol

die Noten: Musik, die auf Papier geschrieben oder gedruckt ist

Ganz unten im Schreibtisch finde ich ein Album mit Fotos von Konzerten der „Fishermen". Auf den meisten sieht man den jungen Arne mit einem zweiten Musiker – dem anderen Mann auf dem Plakat.

In dem Album ist auch ein alter Zeitungsartikel:

Auf dem Weg nach ganz oben

Jeder in Kiel kennt die Band „The Fishermen". Aber fragt man in Berlin oder Stuttgart nach ihnen, hat man wenig Glück. Doch genau das könnte sich bald ändern. Ihr Lied „Nur das Meer" wird in ganz Deutschland im Radio gespielt. Vielleicht ist das für Arne Zink und Klaas Dietels der Beginn einer ganz großen Karriere. Seit fünf Jahren sind

„Nur das Meer" ... das erinnert mich an das Lied, das sie jetzt die ganze Zeit im Radio spielen.

Und Klaas ... der Name aus dem Kalender!

Eines ist klar: Über diese Band muss ich mehr wissen. Zuerst war Arne fast ein Star und dann nur noch Portier in einer Fischkonservenfabrik. Und er erzählt keinem von seiner Karriere als Musiker. Da stimmt doch etwas nicht.

Ich rufe Julia an. Sie ist Studentin in Wien und arbeitet öfter für mich. Sie weiß, dass ich einen Fall in Kiel habe und vielleicht Hilfe brauche.

„Hallo Julia, hier Fender."
„Hallo Fender, was gibt es in Kiel?"
„Gute Luft, viele Fische. Und viele Fragen. Könnten Sie bitte etwas für mich recherchieren?"
„Ja klar, um was geht es?"
„Haben Sie schon mal etwas von der Band „The Fishermen" gehört?"
„Hm ... ich weiß nicht. Ich glaube, ich kenne den Namen."
„Bitte suchen Sie alles, was Sie über sie finden können. Und über Arne Zink und Klaas Dietels. Die „Fishermen" waren vor allem in Kiel bekannt – vor 40 Jahren."
„Alles klar. Wenn ich etwas habe, rufe ich Sie an."
„Vielen Dank, Julia."
Vielleicht ist das alles auch ganz unwichtig. Aber da sind die vielen Bilder, Noten und Gitarren in Arnes Wohnung. Das sollte man sich schon etwas genauer ansehen.
Und gleich morgen früh fahre ich zu Frau Meyers. Hoffentlich spricht sie mit mir.

---

recherchieren: Informationen suchen, z. B. im Internet, in Zeitungen, Büchern etc.

Kapitel 5: Blick in eine andere Zeit

Gestern Abend war seltsam. WIRKLICH SELTSAM. Ich war betrunken. Nein, noch viel schlimmer als betrunken. Aber ich hatte ja nur ein ganz kleines Glas Schnaps. Vielleicht werde ich wirklich alt und kann keinen Alkohol mehr trinken? Oder ich bin nicht ganz gesund? Egal. Morgen muss ich auf jeden Fall fit sein. Denn morgen sehe ich mir ein tolles Boot an. Vielleicht bald MEIN Boot! Ich fühle mich wie zu Weihnachten.

Einen kleinen Schnaps darf ich da schon trinken, oder? Prost, auf das Boot!

Ich klingle. Eine Frau um die sechzig öffnet die Tür.

„Guten Tag", sage ich. „Frau Meyers?"

„Wer möchte das wissen?"

„Mein Name ist Fender. Ich bin Detektiv", sage ich und gebe ihr meine Karte. „Es tut mir sehr leid, was mit Arne Zink passiert ist. Darf ich vielleicht kurz mit Ihnen über ihn sprechen?"

„Warum interessiert sich ein Detektiv für Arne?"

„Seine Chefin, Frau Marit, denkt, dass er vielleicht getötet worden ist. Deshalb bin ich hier."

„Getötet? Ich weiß nicht … Also gut, kommen Sie herein. Aber viel kann ich Ihnen nicht helfen. Ich habe Arne sehr lange nicht mehr gesehen."

Wir gehen ins Wohnzimmer. Frau Meyers holt Kaffee aus der Küche. Auf einem kleinen Tisch steht ein Foto mit ihr und einem jungen Mann.

„Ihr Sohn?", frage ich. „Wie hat er sich denn mit seinem Vater verstanden?"

„Ganz ok, denke ich. Wir haben nicht viel darüber geredet."

Frau Meyers gibt mir eine Tasse Kaffee und setzt sich zu mir.

töten: → S. 14

„Vielen Dank", sage ich und frage dann weiter. „Die beiden haben sich erst seit zwei Jahren gekannt, stimmt das?"

„Das ist richtig. Aber warum interessieren Sie sich dafür?"

„Ich möchte einfach mehr über Arne und sein Leben wissen. Niemand in der Fabrik hat ihn gut gekannt."

„Das glaube ich sofort. Arne hat nie viel geredet."

„Frau Meyers, ich habe in Arnes Haus Noten gefunden und alte Konzertplakate. Er war früher Musiker …"

„Ja, Arne hatte eine Band. „The Fishermen". Die war richtig gut. So haben wir uns auch kennengelernt. Ich war bei allen Konzerten. Arne war so …"

Antje Meyers kann nicht weitersprechen. Sie weint leise. Ich gebe ihr ein Taschentuch und warte.

„Arne wäre ein Star geworden, das weiß ich", sagt sie nach einer Weile. „Aber dann hat es diesen blöden Streit gegeben, mit Klaas."

„Klaas Dietels? Sein Bandkollege?"

„Genau. Dieser Streit hat alles kaputtgemacht."

„Was ist passiert?"

„Die beiden hatten ein neues Lied, „Nur das Meer", das haben die Radios in ganz Deutschland gespielt. Arne hat gesagt, er hat es geschrieben und hat es unter seinem Namen angemeldet. Doch Klaas war wütend. Er hat gesagt, sie haben es zusammen geschrieben."

„Warum war das wichtig?"

„Arne hat so das meiste Geld bekommen. Nach diesem Streit haben die beiden nicht mehr miteinander gesprochen. Es war das Ende der Band."

Frau Meyers schweigt. Ihre Gedanken sind weit weg.

Dann spricht sie weiter: „Aber das war nicht nur das Ende der Band. Die „Fishermen" waren Arnes Leben. Er hat mit

---

das Taschentuch: kleines Tuch aus Papier, man benützt es, wenn man die Nase putzen muss oder weint niemandem mehr geredet. Auch nicht mit mir. Ich wollte mich nicht von ihm trennen. Ich habe ihn geliebt. Aber irgendwann ist es nicht mehr gegangen."

Sie beginnt wieder zu weinen.

„Und Jan?"

„Ich habe Arne nicht gesagt, dass wir ein Kind bekommen. Vielleicht war das ein Fehler, ich weiß es nicht. Vielleicht wäre mit einem gemeinsamen Kind alles anders gekommen."

„Warum haben Sie Jan erst vor zwei Jahren von seinem Vater erzählt?"

„Er hat den Keller aufgeräumt und alte Bilder gefunden. Da musste ich ihm alles sagen. Er war wütend. Aber später hat er mich verstanden. Ich konnte ihm einfach nicht von dieser Zeit erzählen. Es hat zu weh getan."

„Frau Meyers, es tut mir leid, aber ich muss Sie das fragen: Wo waren Sie Mittwochnacht zwischen 22 und 2 Uhr?"

„Haben Sie nicht zugehört? Ich habe Arne geliebt."

Liebe ist eines der besten Motive für einen Mord …

„Ach was, ist ja auch egal", sagt sie dann. „Ich war hier, die ganze Nacht. Allein. Aber ich war es nicht. Und es ist mir egal, ob Sie das glauben oder nicht."

„Frau Meyers, vielen Dank, dass Sie mit mir gesprochen haben. Sie haben mir sehr geholfen."

Sie hat ihn geliebt, und das ist ein gutes Motiv. Aber es gibt noch ein besseres: Geld.

Und das war besonders wichtig für einen: Klaas Dietels.

....

das Motiv: → S. 14

Kapitel 6: Ein alter Freund?

Schon wieder das Lied im Radio. Schrecklich. Das ist doch keine Musik!
Aber ok, spielt es, spielt es oft, ich freue mich schon auf mein Boot. Ich
spüre schon die Sonne, den Wind und das Wasser auf meinem Gesicht.
Und die Möwen rufen. Sie fliegen über mir und ... Arne, wirst du
langsam verrückt? Möwen? Hier, in der Fabrik? In deinem Zimmer?
Aber ich höre sie, ganz klar. Jetzt sind sie im Lager.
Ich muss raus hier, ich muss die Möwen finden ...

Klaas Dietels ist bis jetzt mein „bester" Verdächtiger. Er hatte
einen großen Streit um Geld mit Arne. Das Problem ist nur:
Das war vor vierzig Jahren.
Dietels wohnt in einem kleinen Dorf in der Nähe von Kiel. Er ist
Bio-Bauer geworden, nach dem Streit, nach dem Ende der Band.
Wir haben telefoniert und er weiß, dass ich komme. Ich klingle
an der Tür seines Bauernhofes.
„Guten Tag, Herr Fender." Er öffnet. „Kommen Sie herein."
Wir gehen ins Wohnzimmer.
„Möchten Sie etwas trinken? Ich habe guten Schnaps, selbst
gemacht. Mit Kräutern aus dem Garten." Er zeigt mir eine
Flasche mit grünem Schnaps.
„Danke, vielleicht lieber Tee oder Kaffee?"
Klaas Dietels geht in die Küche, und ich sehe mich ein bisschen
um. Auch bei ihm hängen alte Konzertplakate an den Wänden.
Ohne diesen Streit – vielleicht wären die beiden heute wirklich
berühmt, wer weiß?
Klaas Dietels bringt zwei Tassen Tee.
„Der arme Arne", sagt er. „Tot. Ich kann es kaum glauben. Aber
warum wollen Sie mit mir reden?"
„Es war vielleicht kein Unfall."

---

die Möwe: Vogel, der am Meer lebt	der, die Verdächtige: → S. 14	bio: natürlich

„Was sagen Sie da?"

„Vielleicht war es Mord."

„Das ist ja schrecklich."

„Herr Dietels, Sie hatten einen Streit mit Arne Zink."

„Ach was, Streit …"

„Antje Meyers hat mir davon erzählt."

„Also gut … ja, es hat diesen Streit gegeben, vor vierzig Jahren. Wir haben wieder mal ein Lied zusammen geschrieben. Das haben wir oft gemacht, wissen Sie, wir haben tolle Lieder geschrieben."

Klaas Dietels sieht kurz glücklich aus. Aber dann verändert sich sein Gesicht. Er wird wütend.

„Und dann sagt Arne plötzlich: Das ist mein Lied, das habe ich geschrieben. Allein. Und dann nimmt er sich alles Geld. Natürlich habe ich mit ihm gestritten. Jeder würde das tun."

„Das war das Ende der Band."

„Ja, leider. Aber das ist lange her."

„Sie sind nicht mehr wütend?"

„Ach was, ich habe das alles schon vergessen."

So hat es gerade eben nicht ausgesehen.

„Ich habe Arne sogar besucht", sagt Dietels, „vor ein paar Tagen, in der Fabrik. Wir haben uns wieder gut verstanden. Da können Sie auch die Arbeiter fragen. Wir wollten sogar wieder Musik zusammen machen. Wenn Sie einen Verdächtigen brauchen, sehen Sie sich lieber seinen Sohn einmal genauer an."

„Jan? Warum?"

„Der hat große Probleme. Habe ich gehört. Der braucht Geld. Und wenn Arne tot ist – wer bekommt dann alles?"

„Aber Arne war sein Vater."

„Ach was, Vater … Die beiden haben sich kaum gekannt."

Wenn Jan wirklich Probleme mit Geld hatte, hat er ein Motiv.
Wenn er jetzt Arnes Haus erbt, kann er es verkaufen. Aber
vielleicht will Klaas Dietels nur, dass ein anderer verdächtig
aussieht.

„Herr Dietels, wo waren Sie Mittwochnacht?"

„Ich? Sie glauben, dass ich ...? Sie sind ja verrückt."

„Wo, Herr Dietels?"

„Ich ... ich war im Kino, gemeinsam mit meiner Freundin. Und
danach war ich die ganze Nacht bei ihr. Fragen Sie sie. Ich gebe
Ihnen ihre Nummer."

„Das mache ich."

---

erben: etwas nach dem Tod von jemandem bekommen

Kapitel 7: Der Sommerhit

Klaas hat mich eingeladen. Aber will ich ihn morgen wirklich besuchen? Eigentlich nicht. Ich kann das nicht: plötzlich wieder Freunde sein, nach 40 Jahren. Er hat mein Leben kaputt gemacht, nur weil er mehr Geld wollte.

Das ist alles vorbei. Jetzt beginnt mein neues Leben, ganz ohne Klaas. Mit dem Geld von MEINEM Lied. Mit MEINEM Boot. Nur das Meer ...

Heute kein Schnaps. Ich habe mich den ganzen Tag nicht gut gefühlt. Etwas stimmt mit mir nicht. Ich sehe Dinge, die es nicht gibt. Ich streite mit meinen Kollegen. Das muss aufhören.

Es ist zu spät, heute kann ich nicht mehr nach Berlin fahren. Deshalb sehe ich mir Arnes Zimmer in der Fabrik noch einmal genauer an. Ich setze mich gerade an den Schreibtisch, da klingelt mein Handy.

„Hallo Fender, hier Julia. Alles gut in Kiel?"

„Viel habe ich bis jetzt nicht gefunden. Haben Sie etwas für mich?"

„Ich habe im Internet alte Konzertplakate, alte Platten und ein paar Zeitungsartikel gefunden."

„Haben Sie auch etwas über das Ende der Band gelesen?"

„Ja, es hat einen Streit zwischen Zink und Dietels gegeben. Es ist dabei um ein Lied gegangen, ihren ersten – und letzten – großen Hit. Über Arne kann man danach nichts mehr finden. Dietels ist Bio-Bauer geworden. Es gibt eine Webseite von seinem Bauernhof."

„Ich war dort. Dietels ist verdächtig, hat aber ein Alibi. Haben Sie sonst noch etwas?"

„Sie kennen sicher den Sommerhit von diesem Jahr, oder?"

----

die Platte: damit hat man früher Musik gehört

der Hit: ein sehr erfolgreiches Lied/Musikstück

Julia singt ins Telefon: *Nur das Meer, ich steh auf meinem Boot …*
„Ja, klar, der ist ja jeden Tag im Radio, auch hier in Kiel."
„Der ist von Arne Zink."
„Wie bitte?"
„Der Streit damals – da ist es um dieses Lied gegangen."
„Arne hat keine Band mehr. Und eine Frau singt es. Die beiden
Lieder haben nur den gleichen Titel."
„Nein, nein, Arne Zink hat das Lied geschrieben, vor vierzig
Jahren. Aber in diesem Jahr hat eine junge Sängerin einen neuen
Hit damit gemacht."
Natürlich! Jetzt wird alles klar. Deshalb hatte Arne das Geld
für sein Boot. Weil *sein* Lied wieder im Radio war. Und die
„P.Firma" in Arnes Kalender … das war sicher ein Termin bei
der Plattenfirma.
„Julia, was würde ich nur ohne Sie machen? Sie haben mir sehr
geholfen. Vielen Dank!"
Das ändert alles.

....

die Plattenfirma: sie produziert und verkauft Musik und CDs

Genau jetzt will Klaas wieder Arnes bester Freund sein? Das ist doch sehr verdächtig. Aber auch Jan Meyers hat nun ein besseres Motiv.

Als Nächstes suche ich noch einmal den Schlüssel für die unterste Schublade von Arnes Schreibtisch. Vielleicht ist dort etwas Wichtiges. In seinem Haus habe ich ihn nicht gesehen, und auch Silke Marit weiß nichts, ich habe sie gestern noch einmal angerufen.
Vielleicht ist er also doch in diesem Zimmer? Ich suche noch einmal im Regal und im Schreibtisch. Nichts. Ich sehe unter den Schreibtisch. Auch nichts. Ich bewege den Tisch weg von der Wand und hinter dem Schreibtisch ist … nichts.
Ich setze mich und bin sauer. Ich habe alles versucht, aber … halt, ich habe noch nicht überall gesucht. Ich stehe auf und drehe den Stuhl um. Endlich – dort ist der Schlüssel, mit Klebeband festgeklebt.

In der Schublade sind eine Flasche und ein kleines Glas. Schnaps. Grüner Schnaps. So einen habe ich doch heute schon einmal gesehen. Den hat Arne sicher von Klaas. Die beiden haben sich also wirklich getroffen.
Und dann liegt da noch ein kleines Heft.

„Ich kann es kaum glauben! Klaas! Wie lange habe ich ihn nicht gesehen? … Ich fühle mich einfach nicht wie ein richtiger Vater … Prost, auf das Boot!"

Das ist ein Tagebuch! Arnes Tagebuch! Es gibt für einen Detektiv nichts Besseres. Das muss ich sofort lesen!

---

umdrehen: auf den Kopf stellen   das Tagebuch: dort schreibt man
                                    jeden Tag seine Gedanken auf

Kapitel 8: Besuch in Berlin

Heute hatte ich Streit mit Silke. Wie dumm von mir! Sie hatte ja recht:
Ich arbeite schlecht und bin oft zu spät. Was ist los mit mir?
Es geht mir nicht gut. Ich höre Stimmen in meinem Kopf. Gestern hat
mein Stuhl mit mir gesprochen. Und mein Glas. Werde ich verrückt?

Am nächsten Tag fahre ich nach Berlin, in die Bredowstraße in
Moabit. Dort wohnt Arnes Sohn.
Er öffnet die Tür.
„Guten Tag, Herr Meyers, mein Name ist Fender. Ich bin …"
„Ja, ja, ich weiß schon, ein Detektiv. Meine Mutter hat mir von
Ihnen erzählt."
Er sieht mich müde an, wartet kurz und lässt mich dann in die
Wohnung.
Es ist nicht aufgeräumt, die Möbel sind billig und es riecht nicht
gut. Auf dem Tisch liegt ein Stück alte Pizza. Ich denke, Klaas
Dietels hat recht, Jan braucht wirklich Geld. Aber deshalb bringt
man nicht gleich seinen Vater um.
„Herr Meyers, es tut mir sehr leid, was mit Ihrem Vater passiert
ist."
„Danke. Mein Vater … das war er natürlich. Aber zur gleichen
Zeit war er ein Fremder."
„Wie war das so? Mit fast vierzig Jahren seinen Vater zum ersten
Mal treffen?"
„Seltsam. Ich habe natürlich ein bisschen Angst gehabt. Und er
hat mir zuerst auch nicht geglaubt, wollte einen DNA-Test.
Danach war dann aber alles klar."
„Wie war er denn so – als Vater?"
„Er war ganz nett. Aber auch sehr still. Hat nie viel geredet."

---

der DNA-Test: mit diesem Test kann man sehen, ob jemand
verwandt ist

Der Mann hat wirklich mit *niemandem* geredet. So etwas ist nicht gut für einen Detektiv.

„Es war nicht leicht", spricht Jan weiter. „Für beide nicht. Ich glaube, er wollte es gut machen, aber ein toller Vater war er nicht."

„Und jetzt ist er tot."

„Ja ... Das ist traurig, aber ..."

„Sie haben ihn gar nicht so gut gekannt."

„Genau."

„Sie erben alles."

„Darüber habe ich noch nicht nachgedacht."

Das glaube ich ihm nicht.

„Sehen Sie sich Ihre Wohnung an", sage ich. „Jeder kann sehen, dass Sie Geld brauchen. Natürlich haben Sie darüber nachgedacht."

„Was haben Sie gegen meine Wohnung? Ich mag sie. Ich brauche das Geld meines Vaters nicht."

„Was arbeiten Sie, Herr Meyers?"

Diese Frage überrascht ihn. Und deshalb denkt er nicht nach, sondern antwortet gleich.

„Ich ... ich suche gerade einen Job."

„Wo waren Sie Mittwochnacht, Herr Meyers?"

„Brauche ich jetzt ein Alibi?" Er sieht mich böse an.

„Das wäre natürlich gut."

„Ich habe meinen Vater nicht umgebracht."

„Aber sein Geld können Sie brauchen. *Nur das Meer* ..." Ich singe die ersten Zeilen des Liedes. „Jetzt können Sie sich neue Möbel kaufen. Sie können sogar umziehen."

„Ich habe nicht ... Ich brauche nicht ... Glauben Sie, ich bin stolz darauf? Ich bin vierzig und ich brauche Geld von meinem Vater. Von einem Vater, den ich nicht mal richtig kenne. Aber er wollte

mir helfen, sein Tod nützt mir gar nichts. ‚Ich habe jetzt bald
Geld', hat er gesagt. ‚Es ist genug da, für mein Boot und für dich.'
Und jetzt ist er tot."
Jan beginnt zu weinen.

Ich warte, bis es ihm wieder besser geht.
„Herr Meyers, sagen Sie mir einfach, wo Sie am Mittwoch
waren, dann sind wir fertig."
„Ich war hier, in meiner Wohnung. Ich habe ferngesehen."
„War sonst noch jemand hier? Ein Freund? Eine Freundin?"
„Ich war allein." Er zeigt auf den schmutzigen Tisch. „Ich habe
nicht oft Besuch …"
Dann beginnt er wieder zu weinen.

es nützt: es ist gut für ihn

Kapitel 9: Unter Fischen

Es wird immer schlimmer. Meine Augen funktionieren nicht mehr richtig. Zuerst ist das Papier weiß, zehn Minuten später grün und dann rot.

Aber kein Arzt kann mir helfen. Niemand kann mir helfen. Die wollen alle nur mein Geld. Genauso wie Silke und die Arbeiter hier in der Fabrik.

Sie sind draußen im Lager, jetzt, um 23 Uhr! Die sind nur wegen mir so lange geblieben.

Es reicht! Ich gehe jetzt hinaus, und dann heißt es: ihr oder ich!

Zuerst noch einen Schnaps. Der macht mich stark.

Aber was ist das? Die Wände kommen immer näher!

Ich bin

Auf dem Weg zurück von Berlin besuche ich Klaas' Freundin. Sie sagt das Gleiche wie er: Sie waren zuerst im Kino und dann die ganze Nacht bei ihr. Sie zeigt mir sogar Kinotickets vom Mittwochabend.

Natürlich ist das kein gutes Alibi. Sie ist seine Freundin. Und vielleicht hat sie die Tickets in einer Mülltonne gefunden. Aber trotzdem: Es ist ein Alibi.

Später sitze ich im Portierszimmer in der Konservenfabrik. Vor mir auf dem Tisch liegt Arnes Tagebuch. Es hat mir viel über ihn erzählt und über die Menschen, die er gekannt hat. Es zeigt auch, dass etwas mit ihm nicht gestimmt hat, so wie Silke Marit und sein Kollege gesagt haben. Ich glaube, Arne ist wirklich ein bisschen verrückt geworden. Er hat Dinge gesehen, die es nicht gibt und er hat gedacht, dass alle gegen ihn sind.

Ich möchte jetzt die Welt aus Arne Zinks Augen sehen. Vielleicht finde ich dann eine Lösung. Ich trinke ein Glas von Klaas'

Schnaps, so wie er, und schreibe in sein Tagebuch – eine Liste mit allen Verdächtigen:

- Silke Marit: Sie hatte Streit mit Arne, ist aber eigentlich nicht verdächtig. Sie hat mich ja geholt.

- Die Arbeiter: Alle haben Alibis. Ich habe sie überprüft. Und sie waren nur Kollegen, haben Arne kaum gekannt.

- Antje Meyers: Sie hat kein Alibi, und Liebe ist immer ein guter Grund für einen Mord. Aber trotzdem: Ein richtiges Motiv habe ich nicht gefunden.

- Jan Meyers: Er hat kein Alibi und ein Motiv: Er braucht Geld. Aber er sagt, dass Arne ihm Geld geben wollte. Lügt er?

- Klaas Dietels: Er hat das stärkste Motiv: ein großer Streit mit Arne. Und der hat jetzt noch einmal viel Geld mit dem Lied „Nur das Meer" verdient. Vor kurzer Zeit hat Klaas Arne besucht, zum ersten Mal seit vierzig Jahren. Ein Zufall? Aber: Klaas Dietels hat ein Alibi. Er war am Mittwoch mit seiner Freundin zusammen.

Ich trinke noch einen Schnaps.
Das ist wirklich ein komischer Fall. Aber ich habe Silke Marit schon am Anfang gesagt: Vielleicht finde ich etwas, vielleicht finde ich nichts.

der Zufall: es hat nichts miteinander zu tun

Und morgen muss ich wahrscheinlich zu ihr gehen und ihr sagen: Arnes Tod war wirklich nur ein Unfall.

Da höre ich jemanden im Lager. Das ist seltsam. Es ist doch schon nach 22 Uhr, wer ist um diese Zeit noch hier?

Es sind zwei Personen, oder drei. Ich höre sie rufen.

„Fender, du hast den Mörder nicht gefunden, du bist ein schlechter Detektiv!"

Wer sagt denn so etwas?

„Fender, du Idiot, du kannst gar nichts!" Jetzt lachen sie.

Ich muss wissen, wer das ist.

Ich stehe auf und … oh, langsam, Fender, langsam. Alles dreht sich. Habe ich so viel getrunken? Es waren doch nur zwei kleine Gläser. Und es ist plötzlich so hell hier. Wer hat denn das Licht angemacht?

Ich muss ins Lager. Ich bin kein schlechter …

Aber ich kann kaum gehen. Der Boden … er ist ganz weich.

„Fender, Fender, komm doch, komm doch."

Ich öffne die Tür ins Lager. Das … das sind gar keine Menschen! Das sind Fische. Rote Fische, gelbe Fische, grüne Fische. Und alle lachen über mich.

20 Fische, oder mehr. 50 Fische. Sie kommen aus den Konserven heraus. Immer mehr.

„Fender, Fender …"

So sprecht ihr nicht mit mir, Fische! Ich …

Aber sie schwimmen weg. Sie sind schnell. Ich kann …

Ich …

---

der Idiot: ein dummer Mensch   sich drehen: sich im Kreis bewegen

► 10 Kapitel 10: Auf Arne!

Ich wache langsam auf. Wo bin ich?

Ich sehe mich um. Ich liege in der Konservenfabrik auf dem Boden. Wie bin ich hierhergekommen? Und warum tut mein Kopf so weh?

Langsam erinnere ich mich wieder an den letzten Abend.

Und jetzt weiß ich, was mit Arne passiert ist.

Ich rufe Silke Marit an. Ich nehme Arnes Tagebuch und den grünen Schnaps mit und fahre zu ihr.

„Kommen Sie, steigen Sie ein", sage ich. „Wir fahren zu Klaas Dietels."

„Wer ist Klaas Dietels?"

„Ich erkläre Ihnen alles im Auto."

Vor Klaas' Haus mache ich noch schnell einen Anruf, dann klingle ich. Er öffnet die Tür.

„Herr Dietels, ich habe gute Nachrichten", sage ich. „Dürfen wir hereinkommen?"

„Äh … ok … um was geht es denn?"

„Ich habe den Mörder gefunden. Das müssen wir feiern."

Wir gehen ins Wohnzimmer.

„Darf ich vorstellen", sage ich dann. „Das ist Silke Marit, Arnes Chefin in der Fabrik. Sie hat nie an einen Unfall geglaubt. Und sie hat recht gehabt."

„Das ist ja schrecklich … ein Mord", sagt Dietels. „Aber ich verstehe nicht – warum kommen Sie zu mir? Sie sollten lieber mit der Polizei sprechen."

„Ja, klar, das mache ich auch noch. Aber zuerst wollte ich mit Ihnen beiden sprechen. Sie waren die wichtigsten Personen in Arnes Leben."

„Ich weiß nicht ...", sagt Klaas Dietels.

„Doch, doch, Sie waren sein Kollege bei den „Fishermen". Sie hatten Ihre Probleme, ich weiß, aber Sie sind zu Arne gegangen und haben um Ihre Freundschaft gekämpft. Alles war wieder gut zwischen Ihnen und Arne."

„Ich hoffe, dass es so war."

„Denken wir jetzt gemeinsam an Arne. Und trinken wir auf ihn – mit seinem Schnaps!"

Ich hole die Flasche aus meiner Tasche.

„Drei Gläser bitte, Herr Dietels."

Er holt Gläser, sagt aber: „Ich weiß nicht, ob das eine gute Idee ist ... Es ist ja noch Vormittag."

Ich gebe ihm und Silke Marit ein Glas mit dem grünen Schnaps und nehme selbst eines.

„Ach was, wir tun das für Arne. Prost, auf Arne!", sage ich.

„Ich ... ich trinke eigentlich nie Alkohol", meint Klaas jetzt.

„Das glaube ich nicht. Bei meinem letzten Besuch wollten Sie auch einen Schnaps mit mir trinken. Prost!"

„Ich ... lieber nicht."

„Trinken Sie!", sage ich laut.

„Nein. Ich trinke nicht."

„Das habe ich mir gedacht", sage ich dann. „Herr Dietels, wollen Sie uns nicht sagen, was mit Arne passiert ist?"

Er schweigt.

„Gut, dann tue ich es: Sie haben Arne vor kurzer Zeit besucht. Sie haben ihm gesagt, dass Sie wieder Freunde sein wollen. Dass Sie die alten Probleme vergessen wollen. Und Arne hat Ihnen geglaubt – das war sein Fehler."

„Ich weiß nicht, was Sie meinen."

„Sie waren noch immer wütend auf ihn. Jetzt sogar noch mehr.
Im Radio spielt jeden Tag ‚Nur das Meer', und Arne bekommt
alles Geld. Genug für ein Boot und noch mehr. Also geben Sie
Arne eine Flasche Schnaps – diesen Schnaps. Sie haben ihn
selbst gemacht, aber Sie haben nicht nur Kräuter aus Ihrem
Garten hineingegeben, sondern auch Drogen. Arne hat jeden Tag
etwas davon getrunken und ist immer verrückter geworden.
Mittwochnacht hat er deshalb im Lager einen Unfall gehabt und
ist unter den Fischkonserven gelandet."
„Sie haben eine gute Fantasie", sagt Klaas und will die Flasche
mit dem grünen Schnaps nehmen. Aber Silke Marit ist schneller.
Sie hält die Flasche fest.
„Wer soll denn so eine Geschichte glauben?", fragt er.
„Die Polizei findet sicher die Drogen im Schnaps", sagt sie.
„Na und? Vielleicht hat Arne selbst Drogen in die Flasche
gegeben."
„Ich habe hier Arnes Tagebuch." Ich hole es aus meiner Tasche.
„Es ist klar, dass er nichts von den Drogen gewusst hat."

die Drogen: wenn man sie nimmt/isst, sieht man Dinge,
die es gar nicht gibt

„Sie sind ja verrückt! Arne war mein Freund."

„Ach ja? Er hat Ihr Geld genommen. Wegen ihm sind Sie nicht berühmt geworden."

Klaas sieht mich wütend an.

„Schauen Sie mal, das wollte Arne mit *Ihrem* Geld kaufen."

Ich zeige ihm Fotos von großen Booten.

„Arne hat ...", schreit Klaas, ist dann aber wieder ruhig.

„Und die vielen Briefe von seinen Fans: ,Lieber Arne, du bist der Beste, dein Lied ist soooo schön. Vielen Dank!'"

„Das Lied haben wir gemeinsam geschrieben."

Klaas' Kopf wird ganz rot.

Arne hat gar keine Briefe von Fans bekommen, aber das weiß Klaas natürlich nicht.

„Oder dieser hier: ,Arne, ich liebe dein Lied, ich liebe dich!'"

Das ist zu viel für Klaas.

„Das war nicht Arnes Lied!", schreit er. „Das war nicht Arnes ...
Ok, Sie haben gewonnen. Ja, ich war wütend auf Arne. Er hat mir alles weggenommen. Und jeden Tag habe ich das blöde Lied im Radio gehört. Da habe ich ihm Drogen in den Schnaps gegeben. Ich wollte, dass er glaubt, er wird verrückt. Aber ich wollte ihn doch nicht töten! Er war trotzdem mein Freund."

„Ich glaube Ihnen", sage ich. „Aber das ist nicht wichtig. Die Polizei muss Ihnen glauben."

„Die Polizei?"

Vor dem Haus bleiben zwei Autos stehen.

Ich habe die Polizei noch vor dem Besuch bei Klaas angerufen.
Sie kommt genau zur richtigen Zeit.

Es klopft an der Tür und ein Mann ruft:

„Herr Dietels! Polizei. Öffnen Sie die Türe!"

Und ich kann jetzt endlich an den Strand fahren.

Nur das Meer ...

zu Kapitel 1

1. Was wissen Sie über Fender und Silke Marit?
   Korrigieren Sie die Sätze.

   a Er ist ein ~~Fabrikarbeiter.~~ *Detektiv*
   b Er lebt in Kiel. _____
   c Er möchte Urlaub in den Bergen machen. _____

   d Sie hat ein Boot. _____
   e Sie lebt in Wien. _____
   f Sie braucht einen Koch. _____
   g Arne Zink war ihr nicht wichtig. _____

2. Was ist wann, wo … passiert? Ordnen Sie die Fragepronomen zu.

   wann? • ~~was?~~ • wer? • wie? • wo?

   a ___*Was*___? Ein Arbeiter ist tot.
   b _____? Arne Zink.
   c _____? Mittwoch in der Nacht.
   d _____? Er hat unter Kartons mit Fischkonserven gelegen.
   e _____? Im Lager der Fabrik.

3. Was spricht für einen Mord? Was für einen Unfall?
   Kreuzen Sie an.

	Mord	Unfall
a Arne Zink war schon alt und nicht sehr stark.	O	O
b Die Polizei will die Sache nicht untersuchen.	O	O
c Arne war in der Nacht normalerweise nicht im Lager.	O	O

zu Kapitel 2

▶ 11   1. In der Konservenfabrik. Hören Sie und
       ergänzen Sie die fehlenden Wörter.

   a Arne Zink hatte ein kleines Zimmer neben dem ....
      zum Lager.
   b Heute ist der .... nicht mehr wichtig.
   c Silke Marit wollte Arne nicht ...., weil er für sie
      wie ein Teil der Familie war.
   d In der Nacht ist meistens .... in der Fabrik.

2. Die Arbeiter erzählen über Arne. Richtig (r) oder falsch (f)?
   Kreuzen Sie an.

		r	f
a	Arne war sehr ruhig und hat wenig geredet.	○	○
b	Arne ist oft mit den anderen ein Bier trinken gegangen.	○	○
c	Arne wollte ein Boot kaufen.	○	○
d	Arne hat in der Fabrik viel Geld verdient.	○	○
e	Arne hat gesagt, dass er bald viel Geld hat.	○	○
f	Der Arbeiter mit dem Bart hat kein Alibi.	○	○

3. Neue Informationen über Arne. Verbinden Sie die Sätze.

   a Ein Arbeiter läuft Fender   1 sie ihm nichts von dem
      nach, weil   Streit erzählt hat.
   b Er erzählt Fender,   2 einen Streit mit Silke
      dass Arne   Marit hatte.
   c Arne ist in der letzten   3 er mit ihm allein reden
      Zeit oft zu spät   will.
      gekommen und   4 hat Fehler bei der Arbeit
   d Fender muss jetzt mit   gemacht.
      Silke Marit sprechen, weil

1. Das Gespräch mit Silke Marit. Ergänzen Sie Fenders Notizen.

Ich habe noch einmal mit Silke Marit gesprochen. Sie ist ein bisschen
ve _ dä _ _ _ _ g (a), weil sie mir nichts von ihrem St _ _ _ t (b)
mit Arne erzählt hat. Sie sagt, es war ihr letztes G _ sp _ _ ch (c)
mit Arne. Deshalb denkt sie nicht gerne daran.
Sie hat das Gleiche wie Nikolussi erzählt: Arne war in letzter Zeit
ko _ _ _ _ h (d). Er war oft wü _ _ _ d (e) und hat geglaubt, dass
alle gegen ihn sind. Außerdem ist er zu spät gekommen und hat
seine A _ b _ _ t (f) nicht gut gemacht.
Ich habe Arne Zinks K _ l _ _ d _ r (g) gefunden, aber ich
verstehe noch nicht, was er geschrieben hat.

2. Jan Meyers. Welche Antwort ist richtig?
   Kreuzen Sie an.

   a Wie lange kennt Arne seinen Sohn schon?
      1 ○ seit fast 40 Jahren
      2 ○ seit zwei Jahren

   b Warum sieht Arne seinen Sohn selten?
      1 ○ Jan lebt in Berlin.
      2 ○ Arne mag Jan nicht besonders.

   c Warum war es für Arne nicht leicht, dass er
      plötzlich einen Sohn hatte?
      1 ○ Arne war gern viel allein.
      2 ○ Arnes Haus war nicht groß genug für zwei Leute.

   d Wie kann Fender Jans Adresse bekommen?
      1 ○ Silke Marit gibt sie ihm.
      2 ○ Er sieht in Arnes Haus nach.

zu Kapitel 4

1. In Arnes Haus. Eine Information in jeder Antwort ist falsch.
   Kreuzen Sie an.

   a Was hat Fender in Arnes Haus erwartet?
      ○ alte Möbel   ○ Pflanzen   ○ Gitarren

   b Was hängt an den Wänden?
      ○ Konzertplakate der Band „The Fishermen"
      ○ ein Foto von Arne Zink   ○ Bilder

   c Was ist auf Arnes Schreibtisch?
      ○ Briefe von Jan   ○ Bilder von Booten   ○ ein Foto von Jan

   d Was findet Fender in der ersten Schublade?
      ○ die Adressen von Jan und seiner Mutter
      ○ Noten   ○ alte Bücher

   e Was ist ganz unten im Schreibtisch?
      ○ Fotos von den „Fishermen"   ○ ein alter Zeitungsartikel
      ○ Briefe von Bootsfirmen

2. Der Zeitungsartikel. Finden Sie die Wörter in der
   Buchstabenschlange und ergänzen Sie.

   RONNTKALENDERRUHLLÖNGLIEDÄWEASSNULBELIEBT
   RASWFERTINGERMUSIKERPOLTTZLESKARRIERELLAV

   Das liest Fender:
   a Die Band „The Fishermen" ist in Kiel sehr ....
   b Ihr neuestes .... wird in ganz Deutschland gespielt.
   c Arne Zink und Klaas Dietels machen vielleicht eine große
      ....

   Das denkt Fender über den Artikel:
   d Klaas Dietels ist der „Klaas" aus Arnes ....
   e Warum weiß niemand, dass Arne früher .... war?

3. Ein Gespräch mit Julia. Hören Sie und ordnen Sie die Sätze.

a Fender – oft – Julia – für – arbeitet

....

b in – Studentin – Wien – ist – Sie

....

c soll – Fender – Julia – für – recherchieren

....

d Fender – „Fishermen" – braucht – über – Infos – die

....

zu Kapitel 5

▶ 13 1. Antje Meyers telefoniert mit einem Freund. Lesen Sie den Text und ordnen Sie die Wörter zu. Hören Sie dann und überprüfen Sie Ihre Lösung.

Unfall • niemand • interessiert • verstanden • Detektiv • Wohnzimmer

A.: Weißt du, was gerade passiert ist? Ein .... (a) war hier! Wegen Arne.

F.: Wieso .... (b) sich ein Detektiv für Arne?

A.: Er sagt, es war vielleicht kein .... (c). Das glaubt auf jeden Fall Arnes Chefin.

F.: Ein Mord? Ich weiß nicht. Die Polizei hat doch …

A.: Ich weiß es ja auch nicht. Er hat dann bei mir im .... (d) gesessen, wir haben Kaffee getrunken und über Arne geredet. Und über Jan. Wie er sich mit seinem Vater .... (e) hat. Der Detektiv hat fast nichts über Arne gewusst. Naja, du weißt ja, wie er war. Immer ruhig. Fast .... (f) hat ihn richtig gekannt …

41

2. Der Streit. Verbinden Sie die Sätze.

a	Arne wäre ein Star geworden, aber	1 das Ende der Band.
b	Das Lied „Nur das Meer" haben die Radios	2 es gab einen Streit.
c	Klaas war wütend, weil Arne	3 in ganz Deutschland gespielt.
d	Dieser Streit war	4 nicht mehr mit ihr geredet hat.
e	Antje hat sich von Arne getrennt, weil er	5 es unter seinem Namen angemeldet hat.

3. Antje Meyers schreibt Tagebuch. Ergänzen Sie die Wörter.

Es war schön, dass ich über Arne sprechen konnte, aber es hat auch wehgetan. Und wieder habe ich mich gefragt: War es ein _____ (elFrhe) (a), dass ich Arne nicht erzählt habe, dass wir ein _____ (dKni) (b) bekommen? Ich weiß es nicht. Jan habe ich auch nichts _____ (hzäetrl) (c), bis er die alten _____ (soFto) (d) gefunden hat. Aber ich konnte einfach nicht anders.

Glaubt der Detektiv jetzt, dass ich die _____ (niMedrör) (e) bin? Weil ich Mittwochabend allein zu Hause war? Das wäre verrückt ...

....

das Tagebuch: dort schreibt man jeden Tag seine Gedanken auf

▶ 14 1. Ein Besuch bei Klaas Dietels.
Hören Sie und beantworten Sie die Fragen.

a   Warum ist Klaas Fenders „bester Verdächtiger"?

b   Was möchte Klaas mit Fender trinken?

c   Was erinnert Fender bei Klaas an Arne?

2. Wer sagt was? Lesen Sie den Text auf S. 21–22 und
kreuzen Sie an.

	Fender	Klaas
a „Ich kann es kaum glauben."	○	○
b „Es war vielleicht kein Unfall."	○	○
c „Vielleicht war es Mord."	○	○
d „Ach was, Streit ..."	○	○
e „Das war das Ende der Band."	○	○
f „Ich habe das alles schon vergessen."	○	○

3. Eine neuer Verdächtiger? Was sagt Klaas?
Ergänzen Sie Klaas oder Jan.

a   _____ braucht Geld.

b   _____ war Mittwoch im Kino.

c   _____ hat sich gut mit Arne verstanden.

d   _____ hat Arne kaum gekannt.

Kapitel 7

1. Von wem sind die Texte, die immer am Beginn der Kapitel stehen? Was denken Sie?

   ....

2. Das Gespräch mit Julia. Welche Informationen hat Fender schon? Welche sind neu? Notieren Sie: a (alt), n (neu).

   a Arne und Klaas hatten vor 40 Jahren einen großen Streit. ....

   b Arnes Lied „Nur das Meer" ist jetzt wieder im Radio. ....

   c Eine junge Sängerin hat einen neuen Hit daraus gemacht. ....

   d Arne bekommt bald viel Geld von einer Plattenfirma. ....

   e Klaas hat jetzt einen Bio-Bauernhof. ....

3. Jetzt versteht Fender alle Termine in Arnes Kalender. Wer/was ist gemeint? Ergänzen Sie. Wenn nötig, sehen Sie noch einmal in den Kapiteln 3, 4 und 5 nach.

   Das steht im Kalender: **Das ist gemeint:**

   a Jan   ....

   b P. Firma   ....

   c B   ....

   d Klaas   ....

4. Noch einmal in Arnes Zimmer. Richtig (r) oder falsch (f)? Kreuzen Sie an.

		r	f
a	Klaas Dietels und Jan Meyers sind jetzt noch verdächtiger.	○	○
b	Fender bekommt den Schlüssel für die Schublade von Silke Marit.	○	○
c	In der Schublade ist eine Flasche mit grünem Schnaps.	○	○
d	Arne und Klaas haben sich in letzter Zeit getroffen.	○	○
e	In der Schublade liegt auch Arnes Kalender.	○	○

1. Was wissen Sie über Jan Meyers? In jedem Satz ist ein Wort falsch. Korrigieren Sie.

   a Er wohnt in Wien. ....
   b Er ist Arnes Neffe. ....
   c Seine Wohnung ist sauber. ....
   d Seine Möbel sind teuer. ....
   e Er hat einen Job. ....
   f Er hat viel Geld. ....
   g Er hat seinen Vater gut gekannt. ....

2. War es Jan? Ordnen Sie die Wörter zu.

   Alibi • Mord • Mörder • Motiv • Verdächtiger
   a Fender untersucht den .... an Jans Vater.
   b Jan ist für ihn ein ....
   c Er hat kein .... für Mittwochnacht.
   d Sein .... ist vielleicht Geld.
   e Ist Jan der ....?

▶ 15 3. Jan telefoniert mit seiner Mutter Antje. Hören Sie das Gespräch und schreiben Sie die Sätze fertig.

   J.: Mama, der Detektiv war hier, Fender.
   A.: Was wollte er von dir?
   J.: Er hat gefragt, wo ich .... (a).
   A.: Das hat er mich auch gefragt. Der ist ja verrückt. Was hast du gesagt?
   J.: Ich war .... (b). Ich habe kein Alibi.
       Aber ich habe Arne .... (c).
   A.: Glaubt Fender das?
   J.: Er weiß, dass ich Arne .... (d). Und ich
       erbe jetzt viel Geld.
   A.: Aber er war dein Vater! Außerdem: Arne wollte ....
       .... (e).
   J.: Ich bin nicht sicher, ob der Detektiv mir das geglaubt hat.

Kapitel 9

1. Zurück aus Berlin. Richtig (r) oder falsch (f)? Kreuzen Sie an.

		r	f
a	Klaas Dietels hat ein Alibi für Mittwochnacht.	O	O
b	Er war mit seiner Freundin im Theater.	O	O
c	Fender hat viele neue Informationen aus Arnes Tagebuch bekommen.	O	O
d	Arne ist vor seinem Tod ein bisschen verrückt geworden.	O	O
e	Fender trinkt Schnaps, weil er Durst hat.	O	O

2. Die Verdächtigen. Welche Motive haben sie?
   Haben sie Alibis? Ergänzen Sie. Und wer ist der Mörder/
   die Mörderin? Was denken Sie? Kreuzen Sie an.

Person(en)	Motiv	Alibi	Mörder(in)
Silke Marit		nicht bekannt	O
die Arbeiter	kein Motiv		O
Antje Meyers	Liebe?		O
Jan Meyers			O
Klaas Dietels		ja	O

▶ 16 3. Was ist mit Fender los? Was denken Sie? Hören Sie noch
   einmal das Ende des Kapitels, kreuzen Sie an und/oder finden
   Sie eine Antwort.

   a O Fender wird verrückt.
   b O Fender ist betrunken.
   c O Fender ist eingeschlafen und träumt.
   d O ⸻

1. **Wer macht was? Ergänzen Sie die Namen in der richtigen Form.**

   Arne (2x) • Fender (2x) • Silke (2x) • Klaas (3x)

   a .... wacht auf und weiß, was mit .... passiert ist.
   b Er fährt mit .... zu ....
   c Er nimmt .... Tagebuch und den grünen Schnaps mit.
   d .... will mit .... und .... ein Glas
      trinken.
   e Aber .... will keinen grünen Schnaps trinken.

2. **Was ist wirklich mit Arne passiert? Ordnen Sie die Sätze.**

   a ○ Arne trinkt den Schnaps und wird immer verrückter.
   b ○ Arne verdient viel Geld mit seinem alten Lied.
   c ○ Klaas besucht Arne und sagt, dass er nicht mehr
      streiten will.
   d ○ Mittwochnacht hat er deshalb einen Unfall.
   e ○ Aber er bringt ihm Schnaps mit Drogen mit.
   f ○ Deshalb ist Klaas wütend.

3. **Welche Antwort ist richtig? Kreuzen Sie an.**

   a Warum ist Fender sicher, dass Arne nichts von den
      Drogen gewusst hat?
      1 ○ Arne war schon vor den Drogen verrückt.
      2 ○ Fender hat Arnes Tagebuch gelesen.

   b Wie macht Fender Klaas wütend?
      1 ○ Er zeigt ihm Fotos von Booten und Briefe von Fans.
      2 ○ Er erzählt Lügen über Klaas.

   c Warum kann Fender am Ende ans Meer fahren?
      1 ○ Die Polizei erlaubt es ihm.
      2 ○ Er hat den Fall gelöst.

Kapitel 1
1. a Detektiv, b Wien, c am Meer, d eine Konservenfabrik, e Kiel, f Detektiv, g sehr 2. a Was, b Wer, c Wann, d Wie, e Wo
3. Mord: a, c, Unfall: b

Kapitel 2
1. a Eingang, b Portier, c entlassen, d niemand 2. richtig: a, c, e, falsch: b, d, f 3. a3, b2, c4, d1

Kapitel 3
1. a verdächtig, b Streit, c Gespräch, d komisch, e wütend, f Arbeit, g Kalender 2. a2, b1, c1, d2

Kapitel 4
1. a Gitarren, b ein Foto von Arne Zink, c Briefe von Jan, d alte Bücher, e Briefe von Bootsfirmen
2. a beliebt, b Lied, c Karriere, d Kalender, e Musiker 3. a Julia arbeitet oft für Fender. b Sie ist Studentin in Wien. c Julia soll für Fender recherchieren. d Fender braucht Infos über die „Fishermen".

Kapitel 5
1. a Detektiv, b interessiert, c Unfall, d Wohnzimmer, e verstanden, f niemand 2. a2, b3, c5, d1, e4 3. a Fehler, b Kind, c erzählt, d Fotos, e Mörderin

Kapitel 6
1. *Beispiele:* a Er hatte einen großen Streit mit Arne. b Grünen Schnaps mit Kräutern aus seinem Garten. c Auch bei Klaas hängen Konzertplakate. 2. Fender: b, c, e, Klaas: a, d, f 3. a Jan, b Klaas, c Klaas, d Jan

Kapitel 7
1. *freie Lösung* 2. alt: a, e neu: b, c, d 3. a Jan Meyers (oder: Arnes Sohn) b Plattenfirma, c Boot, d Klaas Dietels 4. richtig: a, c, d falsch: b, e

Kapitel 8
1. a Berlin, b Sohn, c schmutzig, d billig, e keinen, f wenig (oder: kein), g kaum 2. a Mord, b Verdächtiger, c Alibi, d Motiv, e Mörder
3. a Mittwochnacht war, b allein zu Hause, c nicht getötet, d nicht so toll fand, e dir doch Geld geben

Kapitel 9
1. richtig: a, c, d, falsch: b, e
2. *Silke Marit* Motiv: Streit mit Arne, *die Arbeiter* Alibi: ja, *Antje Meyers* Alibi: nein, *Jan Meyers* Motiv: Geld, Alibi: nein, *Klaas Dietels* Motiv: Streit um Geld
3. *freie Lösung*

Kapitel 10
1. a Fender, Arne, b Silke, Klaas, c Arnes, d Fender, Silke, Klaas, e Klaas 2. 5, 1, 3, 6, 4, 2
3. a2, b1, c2